PFLANZENHEILKUNDE

SUE HAWKEY

PFLANZENHEILKUNDE

SO FÖRDERN SIE IHR WOHLBEFINDEN

Urania Verlags AG

Für Cally

Anmerkung des Verlags:
Dieses Buch ist kein Ersatz für den Rat eines Arztes oder eines anderen qualifizierten Spezialisten. Wenn Sie Empfehlungen, Ideen und Methoden dieses Buchs anwenden, so übernehmen Autor und Verlag keine Haftung dafür.

Herausgeberin: Johanna Lorenz
Projektredaktion: Fiona Eaton
Design: Bobbie Colgate Stone
Fotograf: Don Last

1. Auflage 2000

ISBN 3-908652-08-1

Titel der Originalausgabe:
"Herbalism. Using Herbs For Stress Relief And Common Ailments"
Lorenz Books, London

Übersetzt aus dem Englischen von Martin Rometsch
Satz: Fotosatz Reinhard Amann, D-88317 Aichstetten

Printed and bound in Singapore

Inhalt

Einführung

Überall auf der Welt, in allen Kulturen und zu allen Zeiten benutzen die Menschen Pflanzen zum Heilen. Einst wurde das Wissen über Heilkräuter von einer Generation an die andere weitergegeben; aber heutzutage haben die meisten mit dieser Tradition leider längst gebrochen.

In der modernen Industriegesellschaft essen wir weniger natürliche Pflanzen als unsere Vorfahren und führen ein ganz anderes Leben. Gleichzeitig müssen wir nicht nur mit den üblichen Problemen und Veränderungen des Lebens zurecht kommen, sondern auch mit Faktoren wie Umweltverschmutzung und Stress.

Zum Glück wachsen auf dem Land und oft auch im Garten immer noch viele wundervolle Kräuter, und es macht Spaß, sie kennenzulernen. Wenn Sie wissen, wie sie wirken, können sie Ihnen helfen, gesünder zu werden und den Alltag besser zu bewältigen. Sie können aus frischen oder getrockneten Kräutern einfach Arzneien zubereiten, und wenn Sie Schwarztee, Kaffee oder Cola durch Kräutertee ersetzen, fühlen Sie sich wohler.

Auch Kräuter sind komplexe Organismen aus zahlreichen Bestandteilen. Jede Pflanze enthält viele verschiedene Substanzen, die ihr einen einzigartigen Geschmack und spezifische Wirkungen verleihen. Man hat besonders wirksame Bestandteile isoliert und daraus Medikamente gemacht, zum Beispiel Aspirin. Aber die ganze Pflanze wirkt subtiler und hat weniger Nebenwirkungen.

Jeder Mensch ist einzigartig und reagiert unterschiedlich auf seine Umwelt. Wir haben nicht nur Lieblingsspeisen, sondern sprechen auch mehr oder weniger gut auf bestimmte Kräuter an.

Mit Kräutern können Sie kleinere Beschwerden behandeln und Ihrem Körper helfen, mit Stress fertig zu werden. Dieses Buch stellt Ihnen einige Heilkräuter vor, die für Sie nützlich sein können. Denken Sie aber daran, dass Sie einen Arzt konsultieren müssen, wenn Sie ernstlich krank sind.

Stress und das Nervensystem

Das autonome (unwillkürliche) Nervensystem besteht aus zwei Teilen. Der Sympathikus bereitet Sie auf Handlungen vor und löst die «Flucht-oder-Kampf-Reaktion» aus. Der Parasympathikus ist der «Haushälter» des Körpers: Er sorgt für die Verdauung, die Aufnahme der Nährstoffe und die Ausscheidung von Abfallprodukten.

Der Sympathikus ermöglicht es Ihnen, auf Reize zu reagieren. Er beschleunigt die Atmung und den Puls und bremst die Verdauung und Ausscheidung.

Das Leben folgt einem natürlichen Rhythmus, und Phasen der Aktivität wechseln sich mit Phasen der Ruhe ab. So sollte es zumindest sein.

Lavendelöl, in die Schläfen eingerieben, entspannt und lindert Kopfschmerzen.

Ein Spaziergang zwischen duftenden Lavendelbeeten hebt die Stimmung.

Zuviel Stimulation oder eine Überreaktion darauf führt zu Stress.

Wenn Sie gestresst sind, dominiert der Sympathikus, und die Folge können Erschöpfung, Panik und Anfälligkeit für Infektionen sein.

Der müde Parasympathikus kann seine Aufgaben – Verdauung und Ausscheidung – nicht mehr optimal erfüllen, was zu Problemen mit der Haut, den Muskeln oder den Gelenken führt.

Kräuter und das Nervensystem

Das Nervensystem koordiniert all die komplexen Funktionen, die uns bei unterschiedlichen Umweltbedingungen am Leben erhalten. In diesem Buch sind einige der Pflanzen beschrieben, die unter anderem das Nervensystem stärken.

Stärkungsmittel für die Nerven

Diese Pflanzen fördern den Stressabbau und sind hilfreich, wenn wir nach einer Krankheit oder einer anderen Belastung erschöpft sind. Sie verbessern die Gesundheit und die Funktion der Nerven.

Manche von ihnen sind milde Anregungsmittel, andere wirken beruhigend. Die Wahl hängt davon ab, ob Sie nervös und verspannt sind oder deprimiert und müde.

Kräutertees stärken Körper und Geist auf milde, einfache Weise.

Anregende Kräuter

- Wilder Hafer *(Avena sativa)*
- Johanniskraut *(Hypericum perforatum)*
- Damiana *(Turnera diffusa)*
- Salbei *(Salvia officinalis)*
- Beifuß *(Artemisia vulgaris)*
- Rosmarin *(Rosmarinus officinalis)*

Beruhigende Kräuter

- Helmkraut *(Scutellaria lateriflora)*
- Eisenkraut *(Verbena officinalis)*
- Ziest *(Stachys betonica)*

Anregende Kräuter

Manche Pflanzen, etwa Kaffee und Tee, stimulieren das Nervensystem, ohne es zu stärken. Diese Art der Stimulation macht uns müde, und darum werden anregende Pflanzen selten benutzt. Aber stimulierende Kräuter können durchaus sinnvoll sein.

Beifuß beschleunigt zum Beispiel die Genesung, und Rosmarin fördert die Durchblutung des Kopfes und lindert daher Spannungskopfschmerzen.

Entspannende und beruhigende Kräuter

Die folgenden Kräuter fördern die Entspannung und den Schlaf:

- Linde *(Tilia europaea)*
- Lavendel *(Lavandula)*
- Zitronenmelisse *(Melissa officinalis)*
- Majoran *(Origanum vulgare)*
- Kamille (*Chamaemelum nobile* und *Chamomilla recutita)*
- Gemeiner Schneeball *(Viburnum opulus)*
- Baldrian *(Valeriana officinalis)*
- Herzgespann *(Leonurus cardiaca)*
- Pfefferminze *(Mentha piperita)*
- Frauenmantel *(Alchemilla xanthochlora)*
- Schlafmützchen *(Eschscholtzia californica)*
- Hopfen *(Humulus lupulus)*
- Passionsblume *(Passiflora incarnata)*
- Küchenschelle *(Anemone pulsatilla)*

Adaptogene

- Koreanischer Ginseng (Panax)
- Sibirischer Ginseng *(Eleutherococcus senticosus)*

Andere nützliche Kräuter

- Süßholz *(Glycyrrhiza glabra)*
- Borretsch *(Borago officinalis)*
- Mönchspfeffer *(Vitex agnus-castus)*
- Schinkenkraut (Oenothera biennis)

Die Auswahl der Kräuter

Suchen Sie die Kräuter aus, die zu Ihren Stress-Symptomen passen. Wenn Sie selbst Kräuter anbauen, ernten und trocknen, haben Sie eine innigere Beziehung zu ihnen und profitieren mehr davon.

Es kann sein, daß ein Symptom, das Ihnen besonders zu schaffen macht, auf verschiedene Kräuter anspricht. Studieren Sie alle Wirkungen jeder Pflanze, um diejenige zu finden, die auch bei anderen Problemen hilft, die Sie haben. Dieses Kraut ist dann besonders nützlich für Sie.

Der Duft von Kräutern ist sehr wirksam und kann Gefühle nachhaltig beeinflussen.

Die Zubereitung der Kräuter

Kräuter aus dem Garten können Sie frisch verwenden (außer Küchenschelle) oder erst einsammeln, wenn sie getrocknet sind. Einfache Kräuterarzneien eignen sich für die äußere und innere Anwendung, und viele Kräuter sind eine köstliche Zutat zum Essen. Außerdem können Sie Kräuter als Tee, Abkochung, Tinktur, Dämpfe, Kapseln oder Pulver zu sich nehmen, äußerlich auch als Umschläge, Wickel, Salben oder Öle. Auch im Badewasser haben frische Kräuter oder Öle eine belebende Wirkung.

Ätherische Öle, flüssige Extrakte und Tabletten werden meist industriell hergestellt und sollten nicht zu Hause gewonnen werden.

Entspannende Kräuter wie Hopfen und Lavendel können Sie auch in ein Kissen stopfen.

Folgende Seite: Einfache Kräuterarzneien können Sie einfach und preiswert zu Hause herstellen.

Bewahren Sie Kräuterarzneien luftdicht auf, Tinkturen und Öle am besten in dunklen Gläsern.

Bereiten Sie Kräutertee in der Teekanne oder im Cafetier zu.

WARNUNG

- Trinken Sie in den ersten drei Monaten der Schwangerschaft keinen starken Kräutertee.
- Geben Sie Kindern unter vier Jahren keinen Pfefferminz- oder Salbeitee.
- Kaufen Sie keine Kräutermixturen, die Zucker enthalten.

Das Sammeln und Aufbewahren der Kräuter

Schon das Suchen, Anpflanzen und Ernten von Kräutern ist heilsam; es bringt Sie der Natur näher und macht Sie mit der erstaunlichen Vitalität der Pflanzen vertraut.

Das Anbauen

Wenn Sie mit Kräutern gesünder werden wollen, ist es am besten, sie selbst anzubauen. Dann können Sie sicher sein, daß die Pflanzen gesund, nicht vergiftet und frisch sind. Die meisten Kräuter, die in diesem Buch vorgestellt werden, wachsen in einem gemäßigten Klima gut. Viele gelten als Unkraut und wachsen selbst auf schlechtem Boden und mit wenig Pflege. Sie machen den Garten und den Gärtner vitaler.

Viele Kräuter im Garten werden seit über 2000 Jahren als Heilkräuter benutzt.

Sammeln

Sammeln Sie Blüten, Stiele und Blätter, wenn die Pflanzen knospen und völlig trocken sind. Wurzeln gräbt man im Herbst aus, säubert sie und hackt sie in kleine Stücke.

Wenn Sie in der Natur sammeln, müssen Sie darauf achten, daß Sie die Pflanzen richtig bestimmen können und daß sie nicht mit Chemikalien oder Autoabgasen verseucht sind. Pflücken Sie nie soviel, daß die Ernte im folgenden Jahr geringer ausfällt.

Lindenblüten gibt es im Frühsommer reichlich, auch in Städten.

Frisch gepflückte Lindenblüten können Sie trocknen oder frisch für Tees oder Tinkturen benutzen.

Trocknen

Trocknen Sie Ihre Kräuter an einem luftigen Platz ohne Sonne. Die Umgebung sollte sehr trocken sein. Kleine Mengen können Sie in lose verschlossenen Papiertüten trocknen.

Johanniskraut trocknet sehr gut. Verteilen Sie die Stiele gleichmäßig und so, daß sie sich nicht berühren.

Kräuter trocknen gut, wenn man sie an einen trockenen, luftigen Platz ohne Sonne hängt.

Lagern

Bewahren Sie die getrockneten Kräuter in luftdichten Behältern und im Dunkeln auf. Vergessen Sie nicht, den Namen der Pflanze und das Pflückdatum zu vermerken. Kräuter halten bis zu 6 Monate.

Sie können Kräuter auch einfrieren. Das ist besonders für Pflanzen wie Zitronenmelisse und Petersilie zu empfehlen, die ihr Aroma verlieren, wenn man sie trocknet.

Kaufen

Getrocknete Kräuter kann man in vielen Geschäften kaufen. Es lohnt sich aber nur, wenn sie frisch sind – sie sollten kräftige Farben haben und stark duften. Manche Heilkräuter sind als Kapseln, Tabletten und Tinkturen erhältlich, meist in guter Qualität. Inhalt und Menge müssen genau angegeben sein.

TEE ZUBEREITEN

Mit Kräutertees können Sie den Pflanzenteilen auf einfache und wirksame Weise das Aroma und die Wirkstoffe entziehen. Bereiten Sie den Tee mit getrockneten oder (doppelt so vielen) frischen Kräutern zu. Wenn ein Kräutertee Ihnen nicht schmeckt, süßen Sie ihn mit etwas Honig, rühren ihn mit einer Süßholzstange um oder geben Sie frischen Ingwer dazu.

1 Geben Sie das Kraut oder die Kräuter in einen Topf. Für einen Tee von mittlerer Stärke genügen 1 TL getrocknetes oder 2 TL frisches Kraut je Tasse.

2 Kochendes Wasser darüber gießen, zudecken und 10 - 15 Minuten ziehen lassen.

3 Abseihen und warm oder kalt trinken. Sie können den Tee auch aufwärmen.

Links: Tees halten sich im Kühlschrank in einem geschlossenen Behälter bis zu 24 Stunden.
Rechts: Sie können Kräutertees auch im Cafetier zubereiten. Füllen Sie das Glas mit dem Kraut, und gießen Sie kochendes Wasser darüber. Vor dem Auspressen 10 - 15 Minuten ziehen lassen.

ABKOCHUNGEN

Wurzeln und Rinden müssen Sie abkochen, um die Inhaltsstoffe zu extrahieren. Benutzen Sie dafür ein Gefäß aus rostfreiem Stahl, ein Glas oder eine emaillierte Pfanne, aber kein Aluminium.

1 Sammeln und säubern Sie Wurzeln und Rinden im Herbst.

2 Stiele von den Wurzeln entfernen.

3 Wurzeln mit sauberem Wasser waschen und in kleine Stücke hacken.

4 Kaltes Wasser in einen Topf gießen, 1 Eßlöffel gehackte Wurzeln pro Tasse Wasser dazugeben, 10-15 Minuten sieden lassen.

5 Wasser abgießen und abkühlen lassen. Abkochungen und Tees halten 24 Stunden im Kühlschrank. Man kann sie warm oder kalt trinken.

ABGEKOCHTE KRÄUTER FÜR DIE NERVEN

- Baldrian
- Süßholz
- Gewöhnlicher Schneeball

Bei Bluthochdruck Süßholz meiden.

Tinkturen zubereiten

Manchmal ist es bequemer, einen Löffel Medizin einzunehmen, als einen Tee zu bereiten. Tinkturen werden hergestellt, indem man Kräuter in einer Mischung aus Alkohol und Wasser ziehen läßt. Der Alkohol extrahiert die wirksamen Bestandteile und konserviert sie.

1 100 g getrocknete oder 300 g frische Kräuter in ein Glas legen.

2 250 ml (1 Tasse) Wodka dazugeben (30 % Alkoholgehalt).

3 Die Kräuter 1 Monat ziehen lassen, am besten auf einem sonnigen Fensterbrett, und täglich schütteln.

4 Abseihen und die Tinktur in einer dunklen Glasflasche aufbewahren. Sie hält bis zu 18 Monate.

SIRUP ZUBEREITEN

Kräutersirup ist eine gute Arznei für Kinder, und er verbessert den Geschmack von bitteren Kräutern wie Beifuß und Wermut.

1 500 g Zucker oder Honig in einen Topf geben und 1 l (4 Tassen) Wasser dazugießen.
2 Langsam erhitzen und umrühren, damit der Zucker oder Honig sich löst.
3 150 g Kräuter dazugeben und 5 Minuten langsam erhitzen.
4 Hitze abstellen und Sirup über Nacht ziehen lassen.
5 Abseihen und in luftdichtem Behälter in den Kühlschrank stellen. Der Zucker konserviert den Sirup 18 Monate lang.

KALTE KRÄUTERÖLE

Kräuteröle eignen sich als Massage- und Badeöl sowie zur Haar- und Hautpflege. Sie sind leicht herzustellen und sind vorzügliche Konservierungsmittel für zarte Kräuter wie Johanniskraut und Kamille.

1 Einen Glaskrug mit den Blüten oder Blättern des Krautes füllen.

2 Leichtes Pflanzenöl (Sonnenblumen- oder Traubenkernöl) darüber gießen, so daß das Kraut bedeckt ist.

3 Den Krug 1 Monat auf einem sonnigen Fensterbrett stehen lassen und täglich schütteln.

4 Abseihen. Das Öl wird stärker, wenn Sie die Kräuter nach 2 Wochen erneuern.

5 Zur Aufbewahrung füllen Sie es in verschließbare Fläschchen.

PFLANZEN FÜR KRÄUTERÖLE

- Rosmarin
- Lavendel
- Johanniskraut
- Kamille
- Majoran

Tragen Sie Johanniskrautöl nicht auf die Haut auf, wenn Sie in die Sonne gehen.

KRÄUTER ALS NAHRUNGSMITTEL

Pflanzen, vor allem Kräuter, sind sehr nahrhaft. Sie enthalten viele Vitamine und Mineralien sowie Kohlenhydrate, Eiweiß und Ballaststoffe. Es gibt keine scharfe Grenze zwischen Nahrung und Medizin – ein gut ernährter Körper wird seltener krank. Brennesseln enthalten zum Beispiel Eisen und Vitamin C, Kelp enthält Natrium, Kalium, Kalzium, Magnesium, Eisen, Zink, Kupfer, Aluminium, Silizium und Thiamin (Vitamin B1). Luzerne ist reich an fast allen Vitaminen, Kalzium, Magnesium, Phosphor und Kalium.

Küchenkräuter fördern die Verdauung und die Gesundheit und schmecken köstlich.

Wenn Sie den Nährwert der Kräuter kennen, ändern Sie wahrscheinlich Ihre Kochgewohnheiten. Eine großzügige Portion Kräuter ist dann mehr als ein Gewürz. Frische Kräuter im Salat verhindern Mangelzustände.

Auch wilde Pflanzen, aus denen Gartenpflanzen gezüchtet wurden, sind wertvoll. Die wilde Gelbe Rübe *(Daucus carota)* wächst häufig in Hecken und hilft bei Beschwerden der Harnwege und der Verdauung. Der wilde Salat *(Lactuca virosa)* ist ein bewährtes mildes Beruhigungs-, Husten- und Schmerzmittel.

Wichtig ist nicht nur, was Sie essen, sondern was Sie verdauen. Viele Küchenkräuter regen die Absonderung von Verdauungsenzymen an, zum Beispiel Fenchel, Kümmel, Kreuzkümmel und Dill, die Koliken lindern.

Bittere Kräuter wie Löwenzahn unterstützen die Leber, andere, zum Beispiel Sennesblätter, fördern die Darmtätigkeit.

Experimentieren Sie mit Kräutern in Speisen, und suchen Sie in Büchern nach Rezepten. Sie werden bestimmt fündig!

Viele Küchenkräuter wurden vom römischen Heer nach Europa gebracht.

Leitfaden der Kräuter und ihrer Anwendung

Die Kräuter, die auf den folgenden Seiten beschrieben werden, eignen sich vor allem dazu, Stress und andere alltägliche Beschwerden zu lindern. Die Erläuterungen und Bilder helfen Ihnen bei der Auswahl. Sie können mehrere Kräuter ausprobieren, um festzustellen, welches Ihnen hilft. Kräuter wirken aber nicht immer sofort; darum sollten Sie ihnen mindestens zwei Wochen Zeit geben. Wenn es Ihnen nach drei Wochen nicht besser geht, fragen Sie einen qualifizierten Kräuterkenner. Sie können Kräuter auch kombinieren und dadurch besondere Wirkungen erzielen.

Die meisten Menschen profitieren in anstrengenden Lebensphasen von einem Nerventonikum. Nehmen Sie eine Kräuterarznei, die am besten zu Ihren Symptomen paßt. Wenn Sie zum Beispiel unter Stress deprimiert sind, sollten Sie ein Anregungsmittel wie wilden Hafer nehmen. Löst der Stress dagegen Symptome wie Angst, Herzklopfen, Schweiß und Schlafstörungen aus, sind entspannende Kräuter zu empfehlen.

Diese Kräuter lindern Stress und andere Beschwerden.

Oben: Die Identifikation ist wichtig. *Hypericum perforatum* ist das einzige Johanniskraut mit Öldrüsen. Sie gleichen winzigen Löchern, wenn man das Blatt ins Licht hält.
Gegenüber: Lavendel wird in Europa wegen seiner ätherischen Öle angebaut.

Kamille

Chamomilla recutita oder
Chamaemelum nobile

Dieses hübsche Blümchen ist eines der bekanntesten Kräuter, wahrscheinlich weil es so wirksam ist. Die Kamille ist freundlich zu Menschen und zu anderen Pflanzen. Man nennt sie auch «Pflanzendoktor», weil andere Arten in ihrer Nähe besser gedeihen.

Trinken Sie Tee oder eine Tinktur aus den Blütenköpfen, um Verdauungsstörungen zu lindern. Kamillentee am Abend hat eine beruhigende Wirkung – im Gegensatz zum Kaffee, der Spannungen und Angst verstärkt.

Die Kamille lindert Krämpfe und Entzündungen im Verdauungstrakt und stärkt mit ihren Bitterstoffen die Leber. Darum ist der Tee ein ideales Getränk nach dem Essen, zumal er auch entspannt.

Viele Menschen schwören auf Kamillentee am Abend und als Beruhigungsmittel für Babys und Kinder.

Getrocknete Kamillenblüten

Die Kamille ist mit dem Gänseblümchen verwandt.

Teebeutel sind zwar bequemer, aber Tee aus losen Blüten ist besser. Kaufen Sie nur frische Kamillen mit hellgelben Blütenköpfen und weißen Blüten. Atmen Sie den Dampf einer Tasse Kamillentee ein, um Schnupfen oder Heuschnupfen zu lindern. Teebeutel im Badewasser wirken entspannend.

Verwendete Teile: Blütenköpfe.

Dosis: 1 TL getrocknete oder 2 TL frische Blüten pro Tasse.

Zitronenmelisse

MELISSA OFFICINALIS

Diese Pflanze ist so vital, daß sie sich im ganzen Garten ausbreiten kann. Bienen lieben sie so sehr, daß jemand vorgeschlagen hat, Bienenstöcke damit einzureiben, damit die Bienen in der Nähe bleiben und andere sich ihnen anschließen.

Dank ihres Duftes nach Zitrone und Honig ist die Zitronenmelisse mit ihren winzigen weißen Blüten ein Getränk für jeden Tag, gekühlt im Sommer und heiß im Winter. Sie ist eines der wenigen Kräuter, die ihr Aroma beim Trocknen verlieren; darum ist es am besten, sie täglich frisch aus dem Garten zu holen – eine gute Methode, ihren Wildwuchs einzudämmen! Wenn Sie sie auch im Winter verwenden wollen, sollten Sie Blüten und Blätter im Frühsommer, wenn die Pflanze üppig wächst, in einem Plastikbehälter einfrieren.

Die Zitronenmelisse fördert die Verdauung und die Entspannung und hilft bei Reizdarm, nervösen Verdauungsstörungen, Angst und Depressionen. Der Tee sorgt für einen klaren Kopf beim Studium und fördert den Schlaf. Die Zitronenmelisse verträgt sich gut mit der Kamille.

VERWENDETE TEILE: Blätter und Blüten.

DOSIS: 1 TL pro Tasse, 3-4 Mal am Tag.

Die Zitronenmelisse lindert stressbedingte Nervosität.

ZIEST (ROTE BETONIE, ZEHRKRAUT)

STACHYS BETONICA (STACHYS OFFICINALIS, BETONICA OFFICINALIS)

Der Ziest ist eine hübsche Pflanze mit purpurnen Blüten und einem dicken Blattpolster. Er stärkt die Nerven – vor allem wenn Sie Kopfschmerzen oder ein schlechtes Gedächtnis haben –, weil er die Durchblutung des Kopfes fördert. Der Ziest ist ein sehr beliebtes Heilkraut, dem man zahlreiche gute Eigenschaften zuschreibt. Wenn Sie an Kopfschmerzen oder Migräne leiden, ist er bestimmt einen Versuch wert.

VERWENDETE TEILE: ganzes Kraut ohne Wurzel.
DOSIS: 1 TL getrocknetes oder 2 TL frisches Kraut pro Tasse.

WARNUNG
Meiden Sie hohe Dosen während der Schwangerschaft

Der Ziest blüht mitten im Sommer.

HELMKRAUT

SCUTELLARIA LATERIFLORA

Auch dieses Kraut stärkt die Nerven. Da seine Hülsen einem Helm gleichen, wird es seit alter Zeit mit dem Kopf in Verbindung gebracht. Es wirkt beruhigend und lindert Angst und Unruhe, die mit Sorgen und Verantwortung einhergehen. Sein bitterer Geschmack regt die Leber an, Giftstoffe auszuscheiden, zum Beispiel überflüssige Hormone, die oft am PMS schuld sind.

VERWENDETE TEILE: ganzes Kraut ohne Wurzel, nach der Blüte geerntet.
DOSIS: 1 TL getrocknetes oder 2 TL frisches Kraut pro Tasse.

Helmkraut – nach den helmartigen Hülsen benannt.

GINSENG

KOREANISCHER GINSENG, PANAX
Der Name dieser Pflanze bedeutet «Weltwunder». Ginseng regt die Nebennieren an, so daß der Körper besser mit Stress und Krankheiten fertig wird. Wenn Sie ihn lange einnehmen, kann er die Nerven überstimulieren, aber als Mittel gegen akute Müdigkeit ist er sehr wirksam.

In China nehmen alte Menschen kleine Dosen, um gesund und rüstig zu bleiben. Ginseng ist auch als Aphrodisiakum bekannt und schenkt neue Energie. Im Westen wird er erfolgreich bei starkem Stress oder bei schwächenden Krankheiten angewandt.

SIBIRISCHER GINSENG, ELEUTHEROCOCCUS SENTICOSUS
Auch der sibirische Ginseng hilft dem Körper, Stress zu bewältigen. Er ist weniger anregend als der koreanische, erhöht aber die Ausdauer.

Beide Arten verbessern die Konzentration und die geistige Klarheit und sind hilfreich in stressigen Phasen, zum Beispiel während der Examensvorbereitung, bei besonders anstrengender Arbeit oder nach einem Umzug.

VERWENDETE TEILE: getrocknete Wurzel.
DOSIS: 1 g täglich für einige Tage oder Wochen.

WARNUNG

• Nehmen Sie Ginseng nicht während der Schwangerschaft oder mit anderen Anregungsmitteln.
• Nehmen Sie hohe Dosen nicht länger als 6 Wochen.
• Nehmen Sie keinen Ginseng, wenn er Sie nervös macht oder wenn Sie Kopfschmerzen bekommen.

Ginseng ist rezeptfrei erhältlich. Kaufen Sie nur gute Qualität – sie ist meist teurer.

SÜSSHOLZ (LAKRITZE)

Süßholz ist ein Bohnengewächs.

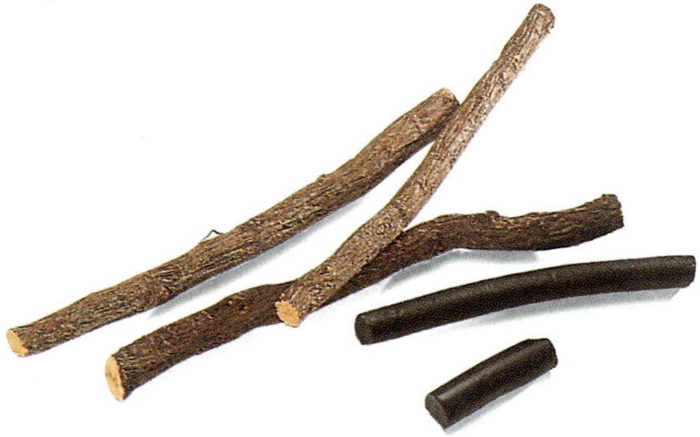

Süßholzstangen sind Teile der Wurzel. Der getrocknete schwarze Saft ist sehr stark.

GLYCYRRHIZA GLABRA

Dies ist ein überaus nützliches Kraut, das seit dem Mittelalter wegen seiner süßen, aromatischen Wurzeln angebaut wird. Es lindert Entzündungen im Verdauungssystem und regt die Darmtätigkeit an. Darum ist es auch in vielen Abführmitteln enthalten. Man verwendet es oft als Aromastoff, und es erhöht den Blutzuckerspiegel nicht. Wenn Sie den Geschmack mögen, süßen Sie damit Ihren Kräutertee – stellen Sie einfach eine Stange in die Tasse, bis der Tee Ihnen mundet. Wenn Sie gut aufpassen, können Sie ein Baby auf der Wurzel kauen lassen; sie lindert Schmerzen beim Zahnen.

Süßholz stärkt die Nebennieren und ist daher bei Entzündungen aller Art zu empfehlen, etwa bei Arthritis oder Ekzem. Wenn Sie eine Zeitlang Steroide eingenommen haben, trägt Süßholz dazu bei, die natürliche Steroidproduktion wieder anzuregen. Wer gerne Lakritze ißt, versucht möglicherweise unbewußt, Stress zu lindern; denn Stress zwingt die Nebennieren, Adrenalin abzusondern.

Wenn Sie Süßholz in Honig erhitzen, erhalten Sie einen Sirup, der bei Bronchitis und Asthma die Atemwege befreit.

VERWENDETE TEILE: Wurzel oder getrockneter Saft.
DOSIS: 1 TL pro Tasse.

WARNUNG
Bei Bluthochdruck ist Süßholz nicht zu empfehlen.

Borretsch

BORAGO OFFICINALIS

Diese robuste Pflanze mit borstigen, fleischigen Stielen und Blättern hat exotisch anmutende blaue Blüten, aus denen seit alters her Tee bereitet wird, der die Stimmung hebt. Man kann damit auch Speisen garnieren, vor allem Eiscreme und andere kalte Nachtische. Borretsch fördert die Adrenalinproduktion und ist daher wie Süßholz ein gutes Mittel bei Stress oder nach der Einnahme von Steroiden.

Borretsch ist sehr nahrhaft. Er enthält Kalzium, Kalium und etwas Gamma-Linolsäure. Zudem fördert er die Eisenresorption. Das Öl aus Borretschsamen ist eine gute Alternative zum Nachtkerzenöl bei der Behandlung von Hautkrankheiten und Rheuma. Sie können es in Kapseln kaufen.

Aber Borretsch macht nicht nur mutig, sondern fördert auch die Milchproduktion bei stillenden Müttern, hilft bei Fieber und Infekten und beschleunigt die Genesung.

Borretsch breitet sich rasch aus.

VERWENDETE TEILE: Blätter, Blüten, Samen. Die fleischigen Blätter müssen schnell trocknen. Am besten erhitzt man sie behutsam im Ofen, bis sie knusprig sind.

DOSIS: 1 TL getrocknetes oder 2 TL frisches Kraut pro Tasse.

«Borretsch macht das Herz fröhlich und hebt die Stimmung.»
DIOSCORIDES

HOPFEN

Der Ranke des schnell wachsenden Hopfens.

Der Goldhopfen verdankt seinen Namen den hellgelben Blättern.

HUMULUS LUPULUS

Der Name «Hopfen» ist vom angelsächsischen *hoppen* abgeleitet, das «klettern» bedeutet. Die gewundenen Stiele können eine Höhe von 4 1/2 Metern erreichen. Früher machte man aus den Fasern der Stiele grobe Stoffe und Papier, heute ist die Pflanze dank ihrer Rolle beim Bierbrauen bekannt. Der Hopfen hat den Vorteil, daß er das Bier klar macht und ihm gleichzeitig seine Würze gibt, aber seine Verwendung war viele Jahre lang umstritten. Heinrich VIII. von England verbot den Brauern, Hopfen zu benutzen, weil er «den Geschmack verdirbt und die Menschen gefährdet». Man dachte, Hopfen löse Melancholie aus, und er ist in der Tag nicht für Depressive geeignet. Zudem schwächt er die sexuelle Potenz.

Hopfen ist ein bitteres Tonikum, das die Verdauung fördert und beruhigt. Das ist zum Teil auf die ätherischen Öle zurückzuführen, die ihm sein typisches Aroma verleihen. Hopfenkissen sind daher bei Schlafstörungen zu empfehlen.

Die zarten jungen Triebe kann man roh oder gekocht wie Spargel essen.

VERWENDETE TEILE: getrocknete Blüten der weiblichen Pflanze.
DOSIS: nicht mehr als 1 TL am Tag.

WARNUNG
Depressive sollten Hopfen meiden.

Baldrian

Valeriana officinalis

Der Baldrian ist eine hohe Pflanze mit weißlichen oder rosa Blüten, die an feuchten Plätzen wächst. Die getrocknete Wurzel hat einen typischen erdigen Geruch, der Katzen anlockt.

Die Baldrianwurzel hat eine stark beruhigende Wirkung auf das Nervensystem und lindert Verspannungen, Angst (vor allem wenn sie den Schlaf stört), Hyperaktivität, Herzklopfen, Krämpfe, Menstruationsbeschwerden und Entzugserscheinungen nach dem Absetzen von beruhigenden Medikamenten.

Verwendete Teile: getrocknete Wurzel.
Dosis: 1 TL pro Tasse am Abend.

WARNUNG
Hohe Dosen, längere Zeit eingenommen, können Kopfschmerzen auslösen.

Baldrianwurzeln werden geerntet, nachdem die Blätter verwelkt sind.

Baldrian ist eine hohe, hübsche Pflanze, die in feuchten Wäldern und Wiesen wächst. Im Mittelalter galt sie als Allheilmittel. Der Name ist wahrscheinlich vom lateinischen Verb *valere* abgeleitet, das «wohl sein» bedeutet.

PASSIONSBLUME

PASSIFLORA INCARNATA

Diese Kletterpflanze hat prachtvolle Blüten und eßbare Früchte. Die Art, die man als Heilkraut verwendet, wächst in den Tropen. Kaufen Sie sie getrocknet, und achten Sie darauf, die richtige Pflanze zu bekommen.

Die Passionsblume ist oft in schlaffördernden Teemischungen enthalten, weil sie beruhigend wirkt. Sie dämpft die Wirkung des Adrenalins und daher auch die «Kampf-oder-Flucht-Reaktion», die Angst, Herzklopfen und nervöses Zittern hervorruft. Außerdem nimmt man sie bei Neuralgie und Unruhe, die mit Schmerzen einhergeht.

VERWENDETE TEILE: getrocknete Blätter und Blüten.
DOSIS: 1/4 - 1/2TL getrocknetes Kraut zweimal täglich oder 1 TL abends.

Die Passionsblume erinnert an die Dornenkrone Christi.

SCHLAFMÜTZCHEN

ESCHSCHOLTZIA CALIFORNICA

Die schönen, zarten Blüten leben nur einen Tag lang; dann verschwinden sie und lassen lange, spitze Samenhülsen zurück. Dem auffallenden Orange, Gelb und Rosa der Blüten verdankt die Pflanze ihren französischen Namen *globe de sol*.

Das Schlafmützchen ist ein mildes Schmerz- und Beruhigungsmittel, das Krämpfe und Nervosität lindert. Es harmoniert gut mit der Passionsblume.

VERWENDETE TEILE: ganze, getrocknete Pflanze.
DOSIS: 1 TL getrocknetes Kraut pro Tasse.

WARNUNG
Meiden Sie dieses Kraut, wenn Sie an grünem Star leiden.

Das Schlafmützchen wächst an sonnig-kargen Orten.

SALBEI

SALVIA OFFICINALIS

Der Salbei ist eine schöne, immergrüne, robuste Pflanze mit zarten, purpurfarbenen Blüten im Frühsommer. Wie viele Küchenkräuter fördert er die Verdauung, und sein Aroma erinnert an Braten.

Er wirkt antiseptisch und unterstützt die Wundheilung. Bei Mund- und Halsentzündungen ist Salbeitee gut zum Gurgeln. Angeblich macht er auch ergrauendes Haar dunkler, wenn man es damit ausspült, und er soll das Leben verlängern.

Salbei hemmt die Milchproduktion beim Abstillen und mildert Nachtschweiß sowie – dank seines schwachen Östrogengehalts – Hitzewallungen in der Menopause.

Nach Culpeper wirkt Salbei wärmend, stärkt das Gedächtnis und schärft die Sinne. Er empfiehlt ihn bei Schwäche und Verwirrung.

VERWENDETE TEILE: Blätter und Blüten.

Hochdosiert, länger eingenommen, ist Salbei giftig.

Wissenschaftler untersuchen zur Zeit, ob Salbei bei der Alzheimerschen Krankheit hilft.

DOSIS: 1 TL getrocknetes oder 2 TL frisches Kraut pro Tasse. Wenn Sie Salbei längere Zeit nehmen, sollten Sie alle drei Wochen eine Woche Pause machen.

WARNUNG

Meiden Sie Salbei in der Schwangerschaft.

BEIFUSS

Der Beifuß ist eine robuste Pflanze, die bis zu einem Meter hoch wird.

ARTEMISIA VULGARIS

Der Beifuß wird auch «Mutter aller Kräuter» genannt und gilt in vielen Kulturen als Zauberkraut. Er ist robust und wächst an Straßen, wo er angeblich Reisende schützt. Früher hängte man ihn im Haus auf oder machte ein Amulett aus ihm, um böse Geister zu vertreiben. Heute vertreibt er Motten und andere Insekten. Der Beifuß stärkt vor allem die Nerven und das Verdauungssystem und lindert Übelkeit und Reizbarkeit. Er reguliert die Menstruation und lindert Menstruationsbeschwerden und PMS. Chinesische und japanische Akupunkteure verbrennen Blütenflaum als *moxa*.

VERWENDETE TEILE: Blüten und Blätter.
DOSIS: 1/4 - 1/2 TL dreimal täglich.

WARNUNG
Meiden Sie Beifuß während der Schwangerschaft.

Die graugrünen Blätter des Beifußes fallen an Straßenrändern auf.

JOHANNISKRAUT

HYPERICUM PERFORATUM

Die Familie des Johanniskrauts umfaßt viele Arten, aber nur das wilde *Hypericum perforatum* besitzt die winzigen Öldrüsen, die Hypericin enthalten. Halten Sie ein Blatt gegen die Sonne: Die Öldrüsen sehen aus wie kleine Löcher (daher der Name *perforatum*). Das rote Öl verfärbt die Finger, und man behandelt damit Verbrennungen, Neuralgie und Entzündungen. Einst galt dieses Öl als das Blut Johannes des Täufers. Die Pflanze gedeiht im Sonnenschein und wächst, wo Bäume gefällt wurden.

Nach der Überlieferung bietet das Johanniskraut magischen Schutz und heilt Schwermut. Heute ist es wegen seiner antidepressiven Wirkung bekannt. Es stärkt die Nerven bei nervöser Erschöpfung und lindert Nervenschäden durch Gürtelrose, Herpes und andere Krankheiten.

VERWENDETE TEILE: Blüten.
DOSIS: dreimal täglich 1 TL getrocknete oder 2 TL frische Blüten pro Tasse.

Die Blüten des Johanniskrauts werden geerntet, sobald sie sich öffnen.

WARNUNG
Meiden Sie Johanniskraut, wenn Sie in die helle Sonne gehen.

DAMIANA

TURNERA DIFFUSA

Damiana wächst in Südamerika und Westindien. Früher hieß sie *Turnera aphrodisiaca*. Sie stärkt das Nervensystem und die Fortpflanzungsorgane, hilft bei sexuellen Problemen und hebt die Stimmung. Traditionell wird sie von Männern benutzt, aber sie wirkt auch bei Frauen anregend und kräftigend.

VERWENDETE TEILE: Blätter und Stiele.
DOSIS: zweimal täglich 1 TL pro Tasse.

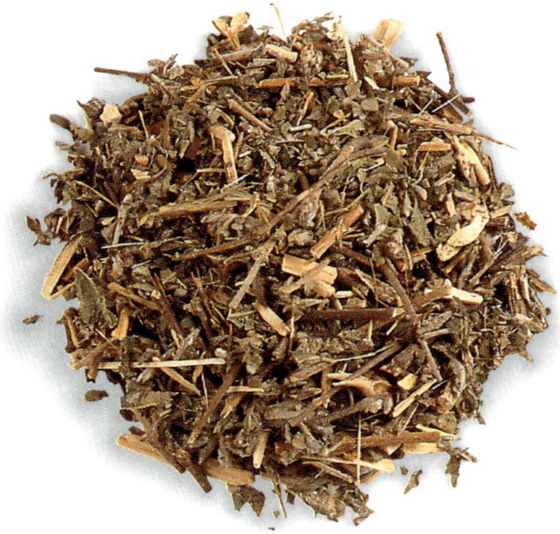

Damiana wird geerntet, wenn sie blüht, und dann getrocknet. Sie stärkt die Sexualfunktion und lindert Depressionen und Angst.

WILDER HAFER

AVENA SATIVA

Hafer ist ein vorzügliches Nervenstärkungsmittel – wer beobachtet hat, wie er auf Pferde wirkt, wundert sich nicht darüber. Er wirkt leicht anregend, hilft langfristig bei nervöser Erschöpfung, hebt die Stimmung und erhöht die Widerstandskraft. Hafer ist auch bei Herpes und Gürtelrose nützlich. Haferbrei zum Frühstück ist durchaus zu empfehlen, denn er enthält Vitamin E, Eisen, Zink, Mangan, Eiweiß und Ballaststoffe, die den Cholesterinspiegel senken.

VERWENDETE TEILE: Körner und Stiele.
DOSIS: Sie können Hafer in Form von Brei, Schleim, Flocken, Keksen und Tee zu sich nehmen.

WARNUNG
Meiden Sie Hafer, wenn Sie allergisch auf Gluten reagieren.

Hafer ist ein gutes allgemeines Stärkungsmittel.

EISENKRAUT

VERBENA OFFICINALIS

Das Eisenkraut ist eine anspruchslose Pflanze mit winzigen, bläulichen Blüten. Auf Ödland und an Straßenrändern sieht es wie Nebel aus. In der Volksmedizin wird es seit langem als schützendes und reinigendes Kraut verwendet, und die moderne Medizin hat manche Wirkungen bestätigt.

Eisenkraut stärkt die Nerven, ist ein mildes Anregungsmittel und hilft bei Verspannung, Kopfschmerzen, Übelkeit und Migräne. Es schmeckt bitter und wird auch bei Krankheiten der Gallenblase empfohlen. Mit Hafer verträgt es sich gut und lindert ebenfalls Depressionen.

VERWENDETE TEILE: Blätter und Blüten.
DOSIS: 1 TL getrocknetes oder 2 TL frisches Kraut pro Tasse.

Hebt euren Kranz aus Eisenkraut,
Benetzt mit kühlem Tau des Herbstes,
Und sprüht das keusche, klare Naß
Hoch in die Luft und auf den Grund.
Jetzt ist der Ort geläutert, rein.
WILLIAM MASON (1724–1797)

GEMEINER SCHNEEBALL

VIBURNUM OPULUS

Dieser dekorative wilde Busch hat im Frühling leuchtende weiße und rosa Blüten und trägt im Herbst rote Beeren. Geoffrey Grigson schreibt in *The Englishman's Flora* (1958), die Pflanze dufte wie eine knusprig gebackene Forelle. Die Beeren werden als Ersatz für Kronsbeeren eingemacht oder zu Schnaps gebrannt. Sie sind sehr sauer, schmecken aber gut, wenn man sie mit Holunder, Vogelbeeren und Brombeeren zu Marmelade verarbeitet.

Der Gemeine Schneeball lindert Krämpfe aller Art und hilft daher bei Verstopfung, Menstruationsbeschwerden, Bluthochdruck und nervöser Spannung.

VERWENDETE TEILE: getrocknete Rinde.
DOSIS: 1 TL pro Tasse.

Der Gemeine Schneeball ist ein dekorativer Busch.

LAVENDEL

Lavendel ist immer ein schöner Anblick.

Die Ernte eines Lavendelfeldes.

LAVANDULA

Jeder kennt diese duftende Pflanze. Sie hebt die Stimmung, bekämpft Infektionen und wirkt entspannend. Lavendelöl wird äußerlich verwendet, um Wunden und Verbrennungen zu behandeln. Weniger bekannt ist, daß Lavendel auch als Tee und Tinktur gute Dienste leistet. Er vertreibt Blähungen und wurde früher als Gewürz benutzt. Mit den Blüten kann man Kekse, Essig, Eiscreme und Nachspeisen würzen. Lavendel ist das ideale Mittel bei Reizbarkeit, Verdauungsstörungen und Migräne. Ein paar frische oder getrocknete Blüten macht Tees aus anderen Kräutern schmackhafter.

VERWENDETE TEILE: Blüten und Stiele. Nehmen Sie das ätherische Öl zum Massieren und als Badeöl.
DOSIS: dreimal täglich 1/2 TL pro Tasse.

ROSMARIN

ROSMARINUS OFFICINALIS

Diese bekannte, robuste Pflanze, die man oft in Gärten findet, enthält mehrere aromatische Öle. Wie Lavendel kann man Rosmarin innerlich – als Gewürz, Tee oder Tinktur – und äußerlich – als ätherisches Öl – anwenden.

Rosmarin fördert die Durchblutung des Kopfes und der Gebärmutter. Er hilft bei Erkältungskopfschmerzen, Vergeßlichkeit (er ist ein Symbol des Gedächtnisses), Krämpfen im Darm und in der Gebärmutter und sogar bei vorzeitiger Kahlheit. Da das Kraut entspannt und Depressionen lindert, ist es ein Heilmittel bei vielen Beschwerden, die mit schlechter Durchblutung einhergehen. Das Öl wirkt antibakteriell, lindert Schmerzen und sorgt für einen klaren Kopf.

VERWENDETE TEILE: Blätter und Blüten.
DOSIS: dreimal täglich 1 TL pro Tasse.

Rosmarinöl ist ein Massage- und Badeöl.

Der lateinische Name Rosmarinus officinalis bedeutet «Tau des Meeres».

HERZGESPANN

Herzgespann braucht feuchten Boden mit gutem Abfluß.

LEONURUS CARDIACA

Diese stattliche Pflanze mit ihrem starken, weinfarbenen, kantigen Stiel trägt zarte malvenfarbene Blüten in stacheligen, gezähnten Kelchen. Ihren Namen verdankt sie den Blättern, deren Form an einen Löwenschwanz erinnert, und *cardiaca* erinnert an seine herzstärkende Wirkung. In England wird das Herzgespann als Heilkraut angebaut, im übrigen Europa wächst es wild. Man kann daraus einen guten Sirup und einen erfrischenden, bitteren Tee machen.

Diese Pflanze ist ein gutes Beruhigungsmittel, vor allem bei Verspannungen mit Herzklopfen und Schweißausbrüchen. Sie stärkt den Kreislauf und lindert Beschwerden während der Menstruation und nach der Menopause. Das Herzgespann senkt den Blutdruck und erhöht die Herzleistung beim Sport. Nach Culpeper macht es Mütter fröhlich.

VERWENDETE TEILE: Blätter und Blüten.
DOSIS: dreimal täglich 1 TL getrocknetes oder 2 TL frisches Kraut oder 2 TL Sirup.

WARNUNG
Meiden Sie das Kraut in den ersten 3 Schwangerschaftsmonaten.

Herzgespann wird seit langem mit der Sonne assoziiert.

Mönchspfeffer

Vitex agnus-castus

Die Beeren dieses aromatischen Busches, der in Südeuropa am Wegrand wächst, werden traditionell von Frauen und Männern verzehrt. Der Name deutet an, daß die Pflanze die Wirkung des Östrogens und somit die Leidenschaft ein wenig schwächt.

Menstruationsbeschwerden sind oft die Folge eines Östrogenüberschusses, der seinerseits von der Pille und von Umweltgiften verursacht wird. In kleinen Dosen fördert der Mönchspfeffer das Hormongleichgewicht und hilft bei PMS, Beschwerden nach der Menopause, Unfruchtbarkeit, postnatalen Depressionen und unregelmäßiger Menstruation. Zudem erhöht er die Milchproduktion nach der Entbindung.

Verwendete Teile: getrocknete, reife Früchte.
Dosis: 10-20 Tropfen Tinktur gleich nach dem Aufstehen.

Der Mönchspfeffer ist in Südeuropa ein traditionelles Symbol der Tugend.

Frauenmantel

Alchemilla xanthochlora (A. vulgaris)

Die ungewöhnlichen Blätter dieser Pflanze ähneln einem Mantel – daher der Name. Jedes Blatt fängt nachts einen funkelnden Tautropfen ein. Der Name *Alchemilla* ist von Alchemie abgeleitet, eine Anspielung auf ihre Fähigkeit, etwas zu verändern. Eine größere Art, *Alchemille mollis*, wächst in vielen Gärten.

Der Frauenmantel ist ein Kraut für Frauen, denn wie der Mönchspfeffer reguliert er den Menstruationszyklus. Eine Abkochung aus Frauenmantel, nach dem Bad aufgetragen, lindert Hautentzündung und Juckreiz. Der Tee wärmt, trocknet und lindert Blutungen und Durchfall.

Verwendete Teile: Blätter und Blüten.
Dosis: dreimal täglich 1 TL getrocknetes oder 2 TL frisches Kraut pro Tasse.

Alchemilla mollis.

NACHTKERZE

Oben: Die Nachtkerze gedeiht an trockenen, sonnigen Plätzen. Die Blüten welken zwar schnell, aber viele neue wachsen nach.

Rechts: Kapseln mit Nachtkerzenöl sind überall erhältlich.

OENOTHERA BIENNIS

Die Nachtkerze ist eine schöne, in der Dämmerung leuchtende Pflanze, die über einen Meter hoch wird. Ihre großen hellgelben Blüten öffnen sich am frühen Abend und welken schnell, um röhrenförmigen Samenhülsen Platz zu machen. Sie hat viele Samen und verbreitet sich rasch.

Die ganze Pflanze ist eßbar, und das Öl aus den Samen ist eine Quelle essentieller Fettsäuren und darum eine gute Nahrungsergänzung. Äußerlich hilft es bei trockener Haut und Ekzemen, innerlich fördert es die Durchblutung und senkt den Cholesterinspiegel. Wenn Sie an Arthritis, Multipler Sklerose oder Diabetes leiden, sollten Sie das Nachtkerzenöl einnehmen. Es hilft auch beim PMS und Entzündungen aller Art.

VERWENDETET TEILE: das Öl der Samen.
DOSIS: Kapseln laut Gebrauchsanweisung.

WARNUNG
Epileptiker sollten die Nachtkerze meiden.

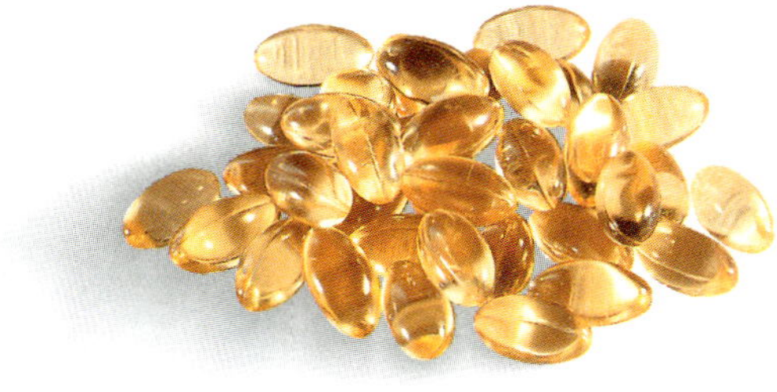

LINDENBLÜTEN

TILIA EUROPAEA

Die große, kräftige Linde wächst nach Culpeper «in Parks und in den Gärten der Vornehmen». Lindenblütenhonig wird teuer bezahlt, und der Tee ist in Frankreich sehr beliebt. Grigson rät, Lindenblüten selbst zu pflücken, weil die im Handel erhältlichen nach Zeitungspapier schmecken.

Das helle, weiche Holz der Linde eignet sich für Holzschnitzereien und liefert gute Holzkohle für Künstler. Aus den Zweigen werden Körbe und Seile geflochten.

Lindenblütentee entspannt und reinigt. Er hilft bei Fieber und Grippe, vor allem zusammen mit Schafgarbe und Pfefferminze. Da er schweißtreibend ist, nimmt man ihn auch bei Fieber. Zudem lindert er Kopfschmerzen, Migräne, Bluthochdruck und zusammen mit Zitronenmelisse auch nervöse Spannungen.

VERWENDETE TEILE: Blüten und hellgelbe Deckblätter.
DOSIS: dreimal täglich 1 TL getrocknete oder 2 TL frische Blüten.

Getrocknete Lindenblüten

Die köstlich duftenden Lindenblüten werden geerntet, sobald sie sich öffnen.

Lindenblütentee

MINZE

Die Grüne Minze ist eines der beliebtesten Gewürze und wird in der Küche am häufigsten verwendet.

Pfefferminze

MENTHA

Die Pfefferminze *(Mentha piperita)*, eine Hybride aus Grüner Minze und Wasserminze, wird am häufigsten verwendet, aber die meisten Minzen sind Heilkräuter. Es sind robuste Pflanzen, die sich rasch vermehren, wenn sie viel Feuchtigkeit haben. Die Pfefferminze war immer beliebt; schon die alten Ägypter, Griechen und Römer bauten sie an. Römerinnen aßen die Blätter, wenn sie Wein getrunken hatten, um den Geruch zu vertreiben.

Dank ihres ätherischen Öls ist die Minze ein Gewürz und ein Heilkraut. Sie hebt die Stimmung, lindert Darmkrämpfe und fördert die Produktion von Verdauungssäften – darum wird der Tee oft nach dem Essen getrunken. Minze ist auch in manchen Getränken, Gelees und Soßen enthalten.

Die Pfefferminze wirkt antiseptisch und lindert Juckreiz. Auf der Haut hat sie eine kühlende, schmerzlindernde Wirkung. Sie ist in Massagelotionen gegen schmerzende Muskeln enthalten und erfrischt im Bad müde, heiße Füße. Als Tee lindert sie Erkältungen.

VERWENDETE TEILE: Blätter und Blüten.
DOSIS: 1 TL getrocknetes oder 2 TL frisches Kraut pro Tasse.

WARNUNG
Im Übermaß kann Minze dem Darm schaden und Kopfschmerzen auslösen. Bei Magengeschwüren ist sie nicht geeignet.

KÜCHENSCHELLE

ANEMONE PULSATILLA

Dies ist eines der schönsten Heilkräuter. Die purpurnen Blüten öffnen sich im Frühling zwischen graugrünen Blättern. Die Küchenschelle wirkt beruhigend, krampflösend und schmerzlindernd. Daher wird sie vor allem bei Beschwerden in den männlichen und weiblichen Fortpflanzungsorganen benutzt, einerlei, ob sie mit Verspannungen oder Nervosität einhergehen oder nicht.

VERWENDETE TEILE: Getrocknete Blätter und Blüten.
DOSIS: Die Dosis ist sehr gering. Am besten fragen Sie einen Kräuterkundigen oder kaufen ein Präparat.

WARNUNG
Verwenden Sie nicht die frische Pflanze.

Die zarte Küchenschelle ist selten geworden.

MAJORAN

ORIGANUM VULGARE

Es gibt viele Arten von Majoran, dessen botanischer Name aus dem Griechischen kommt und «Freude der Berge» bedeutet. Der süße Majoran *(Origanum majorana)* wird meist für Duftmischungen verwendet und ist als Küchenkraut in Griechenland und Italien beliebt. Wilder Majoran, in der Küche meist Oregano genannt, hat ein würziges Aroma, kleine, gerundete Blätter und winzige rosa Blüten.

Als Heilkraut lindert Majoran Depressionen und nervöse Kopfschmerzen. Er enthält ätherisches Öl, das Krämpfe löst und daher bei Verdauungsstörungen hilft. Sie können das Öl auch ins Bad geben, um steife Muskeln zu entspannen. Wenn Sie es einreiben, tut es schmerzenden Gelenken und Muskeln wohl.

VERWENDETE TEILE: Blätter
DOSIS: zweimal täglich 1 TL getrocknete oder 2 TL frische Blätter pro Tasse.

Majoranöl ist in vielen Toilettenartikeln und Parfümen enthalten.

Kräuterrezepte

Stress läßt sich nicht immer vermeiden; aber Sie können einiges tun, um gegen die Herausforderungen des Lebens besser gewappnet zu sein.

Achten Sie auf gesunde Ernährung mit viel vitaminreichem Obst und Gemüse ohne künstliche Zusätze (nehmen Sie statt dessen Kräuter zum Würzen).

Versuchen Sie, Anregungsmittel wie Tee, Kaffee, Alkohol und Cola einzuschränken. Trinken Sie reichlich Wasser oder Kräutertee. Auch Bewegung ist wichtig; sie beseitigt Adrenalinüberschüsse und fördert die Entspannung und den Schlaf.

Stress stört oft den Appetit und macht nervös. Nehmen Sie Heilkräuter, um die Verdauung zu fördern, die Nerven zu entspannen und die Widerstandskraft zu stärken.

Die folgenden Rezepte können Ihnen in den schwierigen Zeiten helfen, die wir alle gelegentlich durchmachen. Wenn Sie die angegebene Dosis nicht überschreiten und die Pflanzen korrekt identifizieren, können Sie ohne Bedenken selbst ein wenig experimentieren, um die beste Arznei für Sie zu finden. Gehen Sie bei hartnäckigen Beschwerden aber immer zum Arzt.

Kräuter in vielen Formen: Lavendelöl, Lindenblütentinktur und frischer Rosmarin.

Pfefferminze kühlt und vertreibt Müdigkeit. Ihr Öl ist ideal für ein Fußbad.

Gegenüber: Das Zubereiten von Kräutertees und anderen Rezepten wirkt entspannend.

Vorbereitungen auf einen grossen Tag

Wenn Sie sich auf ein wichtiges Ereignis vorbereiten, wollen Sie auch sicher sein, den Tag gut zu überstehen. Wenn eine Prüfung naht, müssen Sie sich während der Arbeit konzentrieren und hinterher auch entspannen können.

Achten Sie in dieser Zeit besonders auf Ihre Ernährung, und versorgen Sie Ihre Nerven mit reichlich Vitamin B, zum Beispiel durch ein Multivitaminpräparat oder Hefetabletten.

Treiben Sie regelmäßig Sport, und entspannen Sie sich mit Massage oder Kräuterbädern. Einerlei, wie beschäftigt Sie sind, tun Sie jeden Tag etwas, was Ihnen Spaß macht.

Borretsch fördert die Adrenalinproduktion bei Stress.

Meditation beruhigt den Geist und hilft Ihnen abzuschalten.

Stärkender Tee

Kochen Sie 1 TL getrocknetes Süßholz und Ginsengwurzel 10 Minuten in 2 1/2 Tassen Wasser. Gießen Sie den Tee über 3 TL getrockneten Borretsch, lassen Sie ihn 10 Minuten ziehen, und seihen Sie ab.

HILFREICHE KRÄUTER

- Ginseng (*Panax* für Männer, *Eleutherokkokus* für Frauen)
- wilder Hafer
- Süßholz
- Borretsch

Weitere Tips

- Machen Sie Borretschtee, und süßen Sie ihn mit Süßholz.
- Kaufen Sie Ginsengkapseln, und nehmen Sie sie vor dem großen Ereignis drei Wochen lang ein.
- Essen Sie jeden Morgen einen großen Teller Haferbrei.
- Gönnen Sie sich einen Pfannkuchen.

WARNUNG
Süßholz ist bei Bluthochdruck nicht geeignet.

Ginseng verbessert die Konzentration und die Geistesklarheit.

Schwierige Zeiten

Manchmal ist das Leben wirklich hart, selbst wenn wir normalerweise gut damit zurechtkommen. Der Storch bringt ein Baby, ein Kind wird krank, Sie ziehen um oder Sie ertrinken in Arbeit. In solchen Phasen müssen Sie auf gute Ernährung, genügend Schlaf und viel Bewegung achten. Kräuter können Ihnen helfen, den Stress zu bewältigen.

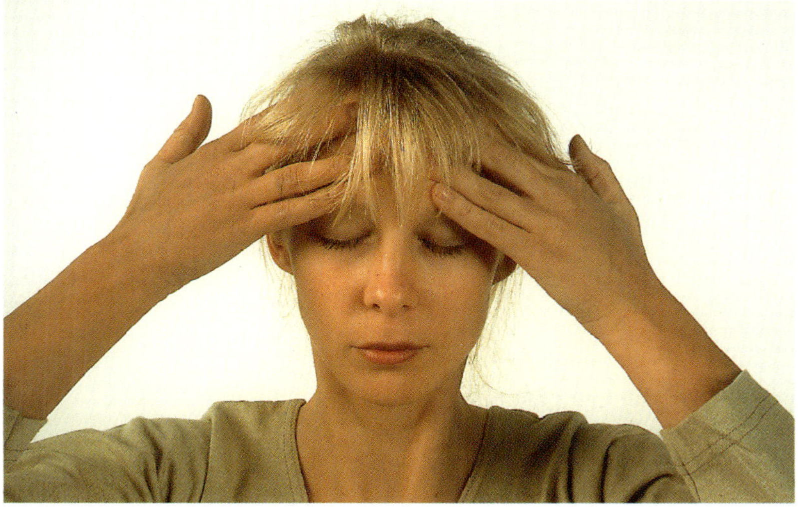

Reiben Sie Schläfen und Stirn mit Lavendelöl ein, wenn Sie unter Druck stehen. Es fördert die Entspannung.

HILFREICHE KRÄUTER

- wilder Hafer
- Süßholz
- Borretsch
- Helmkraut, Ziest oder Eisenkraut, je nachdem, wie Sie auf Stress reagieren.

Helmkraut lindert Unruhe.

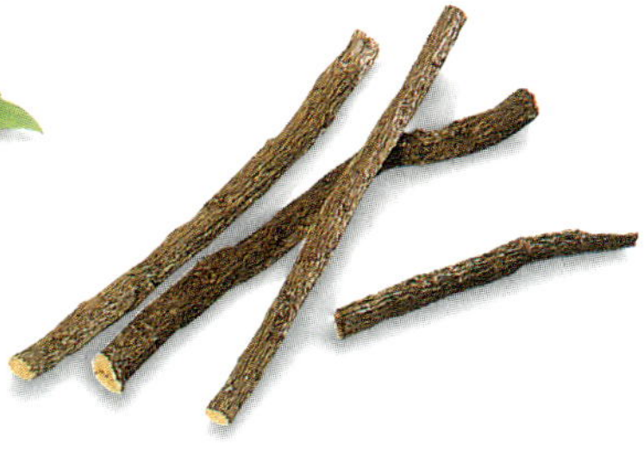

Rechts: Süßholz unterstützt die Nebennieren.

Tee zum Stress-Abbau

Gießen Sie kochendes Wasser auf die obengenannten getrockneten Kräuter (je 1 TL), und lassen Sie den Tee 10 Minuten ziehen. Seihen Sie ihn ab, und süßen Sie ihn mit Süßholz (außer wenn Sie hohen Blutdruck haben). Trinken Sie dreimal täglich eine Tasse warmen Tee.

Das prämenstruelle Syndrom

Frauen leiden vor der Menstruation an verschiedenen Beschwerden. Manchmal tut es gut, wenn Sie sich eingestehen, daß Sie einmal im Monat «nicht ganz Sie selbst» sind. Oft hilft es, Nahrungsmittel zu essen, die reich an Vitaminen und Mineralien sind, etwa Obst – vor allem Bananen –, Salat, Karotten, Nüsse und Weintrauben. Schränken Sie Salz und verarbeitete Nahrungsmittel ein, und essen Sie mehrere kleine Mahlzeiten am Tag, damit Sie nicht heißhungrig werden.

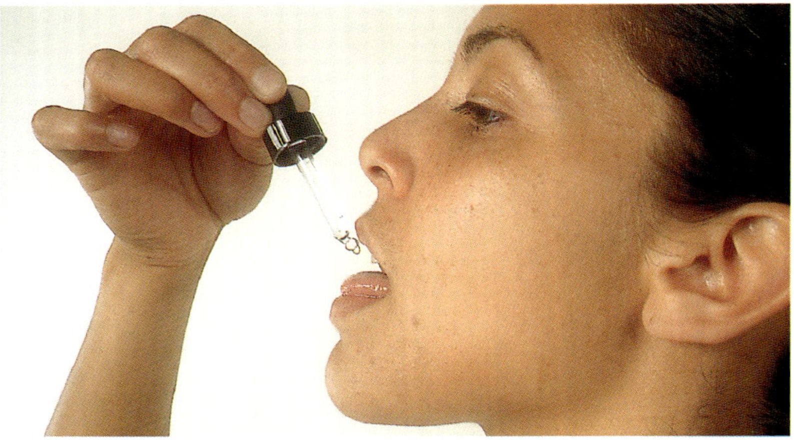

Mönchspfeffer-Tinktur am Morgen lindert das PMS.

Langfristige Therapie

Nehmen Sie drei Monate lang jeden Morgen 12 Tropfen Mönchspfeffer-Tinktur, dazu Nachtkerzenöl-Kapseln wie auf der Packung empfohlen.

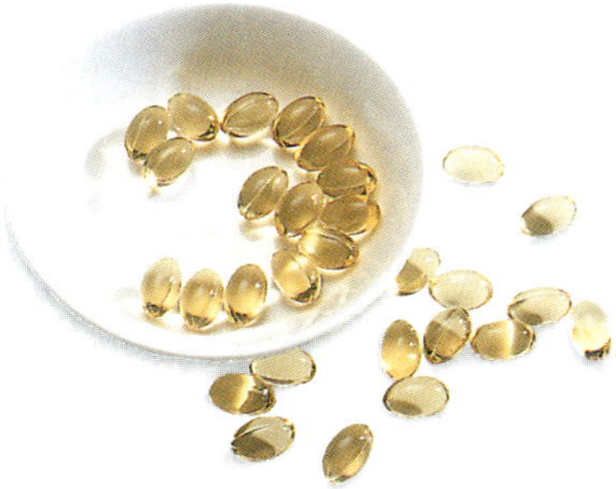

Nachtkerzenöl-Kapseln enthalten essentielle Fettsäuren, die beim PMS oft fehlen.

HILFREICHE KRÄUTER
- Mönchspfeffer
- Nachtkerze
- Ziest
- Frauenmantel

Ziest- und Frauenmanteltee

Gießen Sie 1/2 Tassen kochendes Wasser über je 1 TL getrockneten Ziest und Frauenmantel. Lassen Sie den Tee 10 Minuten ziehen, seihen Sie ihn ab und süßen Sie ihn nach Geschmack.

Trinken Sie vom 14. Tag Ihres Monatszyklus an oder zwei Wochen vor Beginn der Menstruation zweimal täglich eine Tasse.

MENSTRUATIONSBESCHWERDEN

Schmerzen während oder kurz vor der Menstruation sind auf Kontraktionen der Gebärmuttermuskeln zurückzuführen. Bewegung und Wärme fördern die Durchblutung. Der Gemeine Schneeball lindert Krämpfe, und Rosmarin regt den Kreislauf an. Sein ätherisches Öl hebt die Stimmung und entspannt. Auch ein Tee aus Ingwer, vor und während der Menstruation häufig getrunken, wirkt wohltuend.

Eine Wärmflasche lindert die Schmerzen; noch besser ist ein heißer Umschlag mit aromatischen Ölen.

HILFREICHE KRÄUTER

- Gemeiner Schneeball
- Rosmarin
- Ingwer

Ingwer und Rosmarin

UMSCHLÄGE MIT GEMEINEM SCHNEEBALL UND ROSMARIN

1 2 TL Gemeinen Schneeball in 2 1/2 Tassen Wasser 10-15 Minuten kochen. 2 TL getrockneten Rosmarin hinzufügen, 15 Minuten ziehen lassen und abseihen.

2 Ein sauberes Baumwolltuch in den Tee tauchen und auswringen, wenn es kühl genug ist.

3 Den heißen Umschlag auf den Bauch legen und entspannen.

Menopause

Die Menopause muß kein Problem sein, aber die Veränderungen im Körper und im Leben können Beschwerden auslösen. Denken Sie jetzt mehr an sich selbst, und überprüfen Sie alte Gewohnheiten.

HILFREICHE KRÄUTER

- Mönchspfeffer
- Beifuß
- Salbei
- Lindenblüten
- Süßholz

Wenn die Menstruation unregelmässig wird

Nehmen Sie drei Monate lang jeden Morgen 10 Tropfen Beifußtinktur.

Nachtschweiss

Lösen Sie 1 TL Honig in 1 Tasse heißem Wasser auf, und fügen Sie 2 Tropfen Salbeiöl hinzu.

Trinken Sie die Mixtur, bevor Sie zu Bett gehen, und ruhen Sie sich dann aus. Reste des Tees gießen Sie am nächsten Tag ins Badewasser.

Hitzewallungen

1 2 1/2 Tassen kochendes Wasser über je 1 TL Beifuß und Salbei in eine Tasse gießen. Mit Süßholz süßen (außer bei starkem Bluthochdruck).

2 Den Tee abkühlen lassen und tagsüber schluckweise trinken.

WARNUNG
Trinken Sie Salbeitee nicht ständig, sondern legen Sie nach drei Wochen mindestens eine Woche Pause ein.

Salbei ist ein gutes Tonikum in Zeiten des Wandels.

Beifuß kräftigt das Herz.

VERSPANNTE MUSKELN

Wenn Sie unter Stress stehen, können die Muskeln sich verspannen. Oft heben Sie dann die Schultern hoch. Das ist anstrengend und ermüdend, und die Folgen können bleibende Krämpfe und eine schlechte Haltung sein. Der Hals wird steif, und der Rücken schmerzt. Die verspannten Halsmuskeln stören die Durchblutung des Kopfes und lösen Kopfschmerzen aus.

Auch wenn Sie lange Zeit dieselbe Haltung einnehmen, verspannen sich die Muskeln. Bewegen Sie sich häufig, um die Muskeln zu lockern. Heben und senken Sie den Kopf; stehen Sie auf, und strecken Sie sich, machen Sie regelmäßig Pausen, wenn Sie arbeiten oder fahren. Auch eine Massage des Nackens und der Schultern mit einem entspannenden Öl ist hilfreich.

HILFREICHE KRÄUTER

- Lavendel
- Majoran
- Rosmarin
- Gemeiner Schneeball

Spannungen können sich in Nacken und Schultern aufbauen.

LAVENDELÖL

Füllen Sie einen Krug mit Lavendelblüten, und gießen Sie klares Pflanzenöl darüber. Stellen Sie den Krug einen Monat aufs Fensterbrett, und schütteln Sie ihn täglich. Seihen Sie das Öl dann ab, und gießen Sie es in Flaschen. Massieren Sie dieses Öl in den steifen Hals oder in den Rücken. Sie können es auch ins Badewasser geben, damit die Haut weich bleibt und duftet und die Muskeln sich entspannen. Majoranöl (es wirkt krampflösend) und Rosmarinöl sind ebenfalls geeignet.

Verdünnen Sie ätherische Öle vor dem Einmassieren. Geben Sie 2 Tropfen Öl in 4 TL Traubenkern- oder Mandelöl.

Selbstgemachte Öle sind billig und sehr wirksam.

NERVOSITÄT

Wir alle wissen, wie man sich fühlt, wenn man nervös ist. Denken Sie nur daran, wie aufgeregt Sie als Kind vor einer Party waren! Ein bißchen Aufregung gehört zum Leben; aber Nervosität – die oft mit Frustration einhergeht – macht krank. Stellen Sie sich einen Pendler vor, der auf dem Bahnsteig auf und ab geht und weiß, daß er zu spät zu seiner Verabredung kommt, oder eine Mutter, die kein Auge zumachen kann, weil ihre halbwüchsige Tochter immer noch nicht zu Hause ist. In solchen Situationen steigt der Adrenalinspiegel des Blutes. Der Körper richtet sich auf «Kampf oder Flucht» ein – aber nichts geschieht. Das Herz klopft, die Muskeln sind verspannt, die Atmung wird tiefer. Das alles ist gut vor einem Rennen, aber nicht im Bett oder im Zug.

Nervosität kann viele Symptome auslösen: Herzklopfen, Schwitzen, Reizbarkeit, Schlaflosigkeit. Kräuter sind hier sehr wirksam. Sie können Notfalltropfen, eine Bachblüten-Arznei, nehmen, wenn Sie Angst haben oder nervös sind. Träufeln Sie einfach 2 Tropfen auf die Zunge.

HILFREICHE KRÄUTER

Um die Nerven zu stärken:

- wilder Hafer
- Eisenkraut
- Johanniskraut
- Helmkraut
- Ziest

Wählen Sie das Kraut aus, das bei Ihnen am besten wirkt, und kombinieren Sie es mit einem anderen Kraut, das Ihre Symptome lindert:

Bei Herzklopfen:

- Herzgespann oder Passionsblume

Bei Schweißausbrüchen:

- Baldrian oder Herzgespann

Bei Schlafstörungen:

- Passionsblume oder Baldrian

Zwei «Notfalltropfen» auf der Zunge können eine Panikattacke verhindern.

Herzgespann lindert Herzklopfen.

Die langfristige Behandlung der Nervosität

Geben Sie jeweils 1 TL der drei ausgesuchten Kräuter (aber nur 1/2 TL Passionsblume) in einen Topf, gießen Sie 2 1/2 Tassen kochendes Wasser darüber und seihen Sie nach 10-15 Minuten ab. Trinken Sie mindestens 2-4 Wochen lang dreimal täglich eine Tasse.

Oben: Hafer stärkt Körper und Geist.

Oben: Ein beruhigender Kräutertee lindert Nervosität.

Rechts: Lavendel und Hopfen lindern Spannungen und fördern den Schlaf.

NERVÖSE ERSCHÖPFUNG

Wenn Sie lange Zeit hart gearbeitet haben oder unter Stress stehen, werden Sie leichter krank. Das gilt für Lehrer gegen Ende des Schuljahres und für Menschen, die Kranke oder Behinderte pflegen. In schwierigen Zeiten wie diesen können Heilkräuter das gereizte Nervensystem unterstützen.

HILFREICHE KRÄUTER

- wilder Hafer
- Süßholz
- Johanniskraut
- Helmkraut
- Borretsch
- Ziest

Versuchen Sie, alltäglichen Stress abzubauen.

BELEBENDER TEE

Mischen Sie alle sechs Kräuter zu gleichen Teilen, und geben Sie 2-4 TL der Mischung in einen Topf mit Deckel. Gießen Sie 2 1/2 Tassen kochendes Wasser darüber, und seihen Sie nach 10 Minuten ab. Trinken Sie täglich 3-4 Tassen.

Die zarten, sternförmigen Blüten des Borretsch heben die Stimmung.

Trinken Sie Tee aus einer Kräutermischung, wenn Sie erschöpft sind.

Ziest

Nach einer Krankheit

Selbst wenn die Symptome verschwunden sind, braucht der Körper noch einige Zeit, um sich von einer Krankheit zu erholen. Das Immunsystem ist erschöpft, und wenn wir uns nicht schonen, werden wir anfälliger für Folgekrankheiten. Die uralte Idee, daß ein Stärkungsmittel uns dabei helfen kann, ist durchaus richtig. Wilder Hafer und Johanniskraut unterstützen das Nervensystem, Eisenkraut fördert die Entspannung, Süßholz und Borretsch stärken die Nebennieren.

Nehmen Sie mehrere Wochen lang mindestens 1-2 Gramm Vitamin-C-Pulver über den Tag verteilt. Viel Ruhe und gute Ernährung sind ebenfalls wichtig. Luzernesprossen sind besonders reich an Vitaminen und Mineralien.

Zitrusfrüchte sind eine gute Vitamin-C-Quelle.

Stärkender Tee

Gießen Sie kochendes Wasser über eine Mischung aus den unten genannten Kräutern (je 1/2 TL). Würzen Sie mit Pfefferminze oder – wenn Sie nicht an Bluthochdruck leiden – mit Süßholz. Lassen Sie den Tee 10 Minuten ziehen, und seihen Sie ab. Trinken Sie mindestens drei Wochen lang täglich 3-4 Tassen.

Ein stärkender Tee, täglich getrunken, fördert die Genesung.

Borretsch hilft den Nebennieren.

HILFREICHE KRÄUTER

- wilder Hafer
- Eisenkraut
- Johanniskraut
- Borretsch
- Süßholz

Wintertrübsinn

Einer der vielen Kräutertees schmeckt auch Ihnen.

Früher glaubte man, das Aussehen einer Pflanze sei ein Hinweis auf ihre Wirkung. Die Feigwurz hat beispielsweise Wurzeln, die Hämorrhoiden ähneln – und sie ist tatsächlich ein gutes Mittel dagegen.

Die Blüten des Johanniskrauts erinnern an die Sonne. Die Pflanze liebt das Sonnenlicht und sorgt für ein «sonniges Gemüt». Es gibt kein besseres Heilkraut, wenn Sie im düsteren Winter niedergeschlagen sind.

Der wilde Hafer stärkt das Nervensystem und hält warm.

Rosmarin, eine immergrüne Pflanze, verbessert die Durchblutung im Kopf und klärt den Geist. Ginsengkapseln, im Frühherbst eingenommen, erleichtern den Übergang von einer Jahreszeit zur anderen.

Wintermuntermacher

Gießen Sie 1 Tasse kochendes Wasser über 2 TL Johanniskraut und 1 TL Rosmarin, lassen Sie den Tee 10 Minuten ziehen und seihen Sie ab. Trinken Sie den ganzen Winter lang dreimal täglich eine Tasse.

HILFREICHE KRÄUTER

- Johanniskraut
- wilder Hafer
- Ginseng
- Rosmarin

Johanniskraut liebt Sonnenlicht.

Rosmarin macht den Kopf klar.

DEPRESSIONEN

Wenn Sie deprimiert sind, ist die körperliche und seelische Energie erschöpft. Jetzt brauchen Sie viel rohes Gemüse, Nüsse, Samenkerne und Vitamin B.

Ein Multivitamin- und Mineralstoffpräparat ist nützlich, solange Sie zu müde sind, um nahrhafte Mahlzeiten zu bereiten.

Meiden Sie Anregungsmittel wie Koffein, die Körper und Geist erschöpfen.

Die empfohlene Teemischung stärkt das Nervensystem und hellt die Stimmung auf.

Aus Hafer können Sie viele schmackhafte Speisen bereiten.

HILFREICHE KRÄUTER
- Johanniskraut
- wilder Hafer
- Damiana

BELEBENDER TEE

Gießen Sie 2 1/2 Tassen kochendes Wasser über eine Mischung aus den nebenstehenden Kräutern (je 2 TL), lassen Sie den Tee 10 Minuten ziehen und seihen Sie ab. Trinken Sie dreimal täglich eine Tasse.

Johanniskraut stärkt die Nerven.

VERDAUUNGSBESCHWERDEN

Viele Menschen leiden an Verdauungsbeschwerden, wenn sie unter Stress stehen. Wenn das sympathische Nervensystem auf «Kampf oder Flucht» eingestellt ist, unterbricht es nämlich den Verdauungsprozeß, und die Folgen sind Magenverstimmungen, Appetitlosigkeit, Blähungen, Durchfall oder Reizdarm.

Die folgenden Rezepte entspannen das Nervensystem, stimulieren den Parasympathikus und lindern Darmkrämpfe.

HILFREICHE KRÄUTER

- Kamille
- Zitronenmelisse
- Pfefferminze
- Süßholz
- Gemeiner Schneeball
- Hopfen
- Fenchel, Dill, Kümmel und Kreuzkümmel

HILFE FÜR DEN NERVÖSEN MAGEN

Bereiten Sie einen Tee aus Kamille, Hopfen und Zitronenmelisse, oder stellen Sie eine andere Mischung zusammen. Zitronenmelisse und Kamille können Sie sooft trinken, wie Sie wollen.

Geben Sie je 1 TL Zitronenmelisse, Kamillenblüten und Pfefferminze in eine kleine Teekanne, gießen Sie kochendes Wasser darüber und lassen Sie den Tee 10 Minuten ziehen. Seihen Sie ab, und trinken Sie den Tee mindestens dreimal am Tag oder nach den Mahlzeiten. Am Abend können Sie Hopfen hinzufügen, um den Magen zu beruhigen. Frische Zitronenmelisse gibt einen köstlichen Tee und beruhigt den Magen.

WARNUNG

Hopfen ist ein Beruhigungsmittel; verwenden Sie ihn nur abends. Meiden Sie ihn, wenn Sie deprimiert sind oder wenig sexuelle Energie haben. Süßholz ist bei Bluthochdruck nicht zu empfehlen.

Kamillentee ist ein ideales Getränk.

Melisse fördert die Verdauung.

Hilfe bei Blähungen und Kolik

Kochen Sie je 1 TL Fenchel und Gemeinen Schneeball in 1/2 Tassen Wasser. Geben Sie 1 TL Pfefferminze dazu, lassen Sie den Tee 10 Minuten ziehen und seihen Sie ab.

Hilfe bei Verstopfung

Machen Sie einen Tee aus Gemeinem Schneeball, Fenchel und Süßholzwurzel. Bei hartnäckiger Verstopfung ist 1 TL Leinsamen in den Frühstücksflocken hilfreich nach dem Essen.

KRÄUTER GEGEN KATER

Die meisten Menschen wissen, was zu einem richtigen Kater gehört: Kopfschmerzen, Übelkeit, Verwirrung und Depressionen. Die meisten Symptome sind darauf zurückzuführen, daß die Leber überlastet ist. Bittere Kräuter regen die Leber an, so daß sie mit der Entgiftung fortfahren kann. Das bittere Eisenkraut und Lavendel fördern die Verdauung und verbessern die Stimmung.

Trinken Sie viel Wasser, und nehmen Sie zusätzliches Vitamin C.

Kräuter für den «Morgen danach».

HILFREICHE KRÄUTER

- Eisenkraut
- Lavendel

TEE FÜR DEN MORGEN DANACH

Gießen Sie 2 1/2 Tassen kochendes Wasser über 1 TL Eisenkraut und 1/2 TL Baldrianblüten. Lassen Sie den Tee 10 Minuten ziehen, seihen Sie ab und süßen Sie mit etwas Honig. Nippen Sie an diesem Tee, sooft Sie wollen, bis Sie sich besser fühlen.

Links: Süßen Sie Tees mit etwas Honig.

Lavendel sieht sogar beruhigend aus.

Spannungskopfschmerzen

Kopfschmerzen sind häufige Stress-Symptome. Die Ursache sind meist verspannte Muskeln im Nacken und oberen Rücken. Sie behindern die Durchblutung des Kopfes und lösen Schmerzen aus. Massage und Bewegung lindern Kopfschmerzen dieser Art auf schnelle Weise.

HILFREICHE KRÄUTER

- Lavendel
- Rosmarin
- Ziest

Lavendel oder Rosmarin im Bad

Träufeln Sie einige Tropfen ätherisches Öl in heißes Badewasser, legen Sie sich zurück und entspannen Sie sich. Noch besser ist ein Bündel frisches Kraut unter dem Wasserhahn, wenn Sie die Wanne füllen (dadurch vermeiden Sie einen öligen Rand an der Wanne).

Mischen Sie zwei Tropfen Lavendelöl mit 1 TL heißem oder kaltem Wasser, und reiben Sie es in die Schläfen ein.

Reiben Sie Lavendel- oder Rosmarinöl in die Schläfen ein.

Hängen Sie einen Musselinbeutel mit Kräutern unter den Wasserhahn.

Lindernder Tee

Gießen Sie kochendes Wasser über 1 TL Ziest und 1/2 TL Lavendel oder Rosmarin, und lassen Sie den Tee 10 Minuten ziehen. Seihen Sie ab, und trinken Sie jede Stunde ein wenig.

Entspannen Sie sich in einem heißen, duftenden Bad.

Neue Liebeslust

Depressionen oder Sorgen können uns die Lust an der Liebe rauben, entweder weil wir keine Energie haben, oder weil das Hormongleichgewicht gestört ist. Damiana stimuliert die Nerven und enthält Bestandteile, die der Körper in Hormone umwandeln kann. Eisenkraut lindert Verspannungen und Stress und gilt traditionell als Aphrodisiakum. Wilder Hafer und Ingwer wirken ebenfalls anregend.

Tees aus speziellen Kräutern stärken die sexuelle Energie.

HILFREICHE KRÄUTER

- Damiana
- Eisenkraut
- wilder Hafer
- Ingwer

Ingwer bringt Feuer ins Blut.

Stärkender Tee

Gießen Sie 2 1/2 Tassen kochendes Wasser über 1 TL Damiana und 1 TL Eisenkraut, und lassen Sie den Tee 10 Minuten ziehen. Seihen Sie ab, und würzen Sie mit Süßholz, Ingwer oder Honig. Trinken Sie täglich 2 Tassen.

Tee aus getrockneten Kräutern

GESUNDER SCHLAF

Es gibt ebenso viele Schlafstörungen wie Menschen. Wenn Sie schlecht schlafen, sollten Sie mit Kräutern experimentieren, um herauszufinden, was Ihnen hilft. Wenn Sie erschöpft sind, fügen Sie am besten auch ein Kraut hinzu, das die Nerven stärkt.

Trinken Sie entspannende Tees am Abend. Lavendelöl im heißen Bad vor dem Zubettgehen und auf dem Kopfkissen hilft ebenfalls. Probieren Sie auch ein Hopfenkissen.

Nehmen Sie sich am Ende des Tages ausreichend Zeit zum Entspannen und Erholen. Auch Bewegung, Meditation und Yoga lindern Schlafstörungen.

HILFREICHE KRÄUTER

- Zitronenmelisse
- Kamille
- Baldrian
- Schlafmützchen
- Eisenkraut
- Passionsblume (nur 1/2 TL am Tag)
- Hopfen (nur 1/2 TL am Tag)

SCHLAFTEE

Gießen Sie 2 1/2 Tassen kochendes Wasser über je 1 TL Kamille, Eisenkraut und Zitronenmelisse. Lassen Sie den Tee 10 Minuten ziehen, seihen Sie ab und trinken Sie eine Tasse nach dem Mittagessen. Wärmen Sie den Rest, und trinken Sie ihn vor dem Schlafengehen.

Wenn die Schlafstörungen anhalten, mischen Sie eine Abkochung aus 1 TL Baldrianwurzel oder 1/2 TL getrocknetem Hopfen oder Schlafmützchen mit dem Tee.

Kamillentee

Zitronenmelisse

Ein Kräuterkissen fördert den gesunden Schlaf.

Register und Danksagungen

Fett gedruckte Zahlen verweisen auf die Steckbriefe der Kräuter

Danksagungen

Die meisten Fotos in diesem Buch hat Don Last gemacht. Die Bilder auf Seite 29r, 30l, 43ul stellte uns A-Z Botanical zur Verfügung. Außerdem danken wir folgenden Fotografen für ihre Beiträge: Polly Wreford, Seite 23l, 37r, 42o; Debbie Patterson Seite 7or, 21, 36ul; Lucy Mason, Seite 6.12l, 13r, 14ul, 22ul, 28u, 34l, 36o, 39r, 41ur, 46ul, 49ul, 51or, 51ur, 53l, 54or, 56ur, 60ur; John Freeman und Michelle Garrett, Seite 9ol, 26o, 27o, 28o, 29l, 32ur, 33ul, 39l, 43r; Michelle Garrett, Seite 10o, 44r, 61ul; Alistair Hughes, Seite 61ml; Sue Hawkey, Seite 35r. o = oben, u = unten, r = rechts, l = links, m = Mitte. Außerdem danken wir Andrew Tregear von The Plantation, Harington Place, Bath, der uns die Körbe zur Verfügung stellte.

Danksagung der Autorin

Ich danke meinen Kollegen und Lehrern am National Institute of Medical Herbalists und an der School of Phytotherapy sowie meiner Lektorin Fiona Eaton, mit der ich gerne zusammengearbeitet habe.

Literaturverzeichnis

Grieve, Maud, *A Modern Herbal*, Jonathan Cape 1931, 1992

Grigson, Geoffrey, *The Englishman's Flora*, Phoenix House